## 要介護シニアも大満足！

# 3分間ちょこっとレク57

斎藤道雄 著

黎明書房

# はじめに
## 最強で最高のレクリエーションスキル

この本は，

**おもに介護施設などの現場で働くみなさまが，**

**シニアのレクリエーション活動の支援を，**

**もっとかんたんに！**

**もっと楽しんでしましょう！**

と，ご提案する本です。

そこで，おススメするのが，**「ちょこっと」**で**「たくさん」**です。

「ちょこっと」というのは，3分間でするゲームや体操です。
つまり，「ちょこっと」で「たくさん」というのは，

**「ごく短い（ゲームや体操）を数多くする」**

ということです。

では，どうして，「ちょこっと」で「たくさん」なのか？

たとえば，風船バレーを30分間します。
30分間，ずうっとです。
すると，どうなるでしょうか？
同じことを，繰り返したら，誰だってあきてしまいますね。

でも，もし，30分間で10種類のゲームや体操をするとしたら？

ひとつ約3分ですから，あきる手前で終わります。
万が一，あきてしまったとしても，すぐ次に行きますから，大丈夫です。

全部が全部楽しめなくてもいいんです。
シニアの場合，同じことをして，全員に楽しんでもらうのは，ほとんど不可能です。
だって，シニアの年齢や心身レベルが，バラバラですから。
だから，**ひとつでも楽しめれば，それでじゅうぶん**だと，ぼくは思います。

つまり，**「つまらなくなる」確率を下げれば，「楽しくなる」確率が上がる**のです。

「なんか，ちょっとむずかしそう～」

はじめは，そう思うかもしれません。
でも，実践していくうちに，その**何倍ものメリットがある**ことをお約束します。（次頁「ちょこっとレクの効果と使い方」参照）

はじめから，パーフェクトを目指す必要は全くありません。
自分にできる範囲で，少しずつ数を増やしていけばよいのです。

「こんなのもアリ!?」
「なんだか楽しそう！」
「これでもいいんだ！」

そう思ってもらうのが，この本のねらいです。

**「ちょこっと」で「たくさん」**。

それは，**最強で最高のレクリエーションスキル**なのです。

# ちょこっとレクの効果と使い方

## ① シニアをあきさせない

シニアは同じことを繰り返したら，すぐにあきてしまいます。でも，ちょこっとでたくさん（のレク）なら，あきずにできます。

## ② 心身機能が向上する

クイズをしたり，手遊びしたり，おしゃべりしたり，足ぶみをしたり……，全部をしたら，結果として，いろいろな心身機能を使います。

## ③ シニアの満足度が向上する

ちょこっとでたくさん（のレク）をすれば，たとえ全部できなくても，ひとつでもできる確率が増えます。

## ④ マンネリしない

体操やゲームの種類が豊富なので，「またそれやるの？」なんてことにはなりません。体操やゲームは，自由に組み合わせてください。

## ⑤ 時間調整が自由自在

活動時間が 10 分間なら「3 分間×3 つ」。15 分間なら，「3 分間×5 つ」。自由な時間調整が可能です。

## ⑥ すきま時間に重宝する

送迎バスの待ち時間（デイサービス），食事の前後など，ちょっとした時間に重宝します。

## ⑦ スタッフのスキルが向上する

ちょこっとでたくさん（のレク）を実践するうちに，スタッフのスキルがみるみる向上します。

# も く じ

はじめに　―最強で最高のレクリエーションスキル―　1
ちょこっとレクの効果と使い方　3

## Ⅰ　ちょこっとおしゃべり

1　おしゃべりするのがねらいです　**相談じゃんけん**　7
2　覚えてくれたらうれしいです　**あなたのお名前**　8
3　シニア世代に聞いてみよう！　**これ知ってる？**　9
4　そばもいいけど，うどんもいい　**そば VS うどん**　10
5　大人数より少人数が楽しい！　**超風船バレー**　11
6　間違えるのがおもしろい？　**早口言葉**　12
7　「あまい」で連想してください　**あまーい！**　13

## Ⅱ　ちょこっと脳トレ

8　あかあげて。あかさげて　**みぎ，あげて**　14
9　右手と左手が違う動きをします　**あべこベカウント**　15
10　両手でいっしょにできたら奇跡です　**きつねとうさぎ**　16
11　笑う門には○○　**ことわざの達人**　17
12　全員でいっしょにします　**みんなでゼスチャー**　18
13　絵だけで伝えてください　**絵スチャー**　19
14　おじいさんは山へ○○に　**ももたろう**　20
15　「ぎょちょうもく」と読みます　**魚鳥木**　21
16　あたまに「あ」のつく言葉は？　**あ○○**　22
17　グーとグーを足すと2です　**じゃんけん足し算**　23
18　落とさずにできたら最高です！　**手ットボトル**　24

## Ⅲ　ちょこっと運動

19　自分の体に感謝しましょう！　**ありがとう体操**　25

20　ものまねするのは運動です　**ものまね体操**　26

21　昔大流行したなつかしいアレです！　**ヒゲダンス体操**　27

22　大事なのは指より気持ち　**くすり指体操**　28

23　ウキウキ気分になれます　**ウキウキ体操**　29

24　こうすれば立派な体操です！　**拍手体操**　30

25　言いながらできたら最高です！　**ケンケンパー**　31

26　胸をはって腕を振って！　笑って♪　**最強の足ぶみ**　32

27　ルールなんて必要ない！　**シンプルサッカー**　33

28　ボールがなくてもできるんです！　**エアーパス**　34

29　音を立てずに歩いてください　**しのびあし**　35

## Ⅳ　ちょこっと声出し

30　元気な声でお願いします　**エイエイオー！**　36

31　瓦割り10枚も楽勝です　**空手チョップ**　37

32　繰り返すだけでいいんです！　**オウム返し**　38

33　たった3秒でいい体力アップになります　**ガッツポーズ**　39

34　歌詞に「赤」が出てくる歌は？　**赤い歌合戦**　40

35　ねこのつもりでお願いします　**ニャーーー！**　41

36　限界まで伸ばしてください！　**ひといきカウント**　42

37　メロディはなしで考えてください　**歌詞だけクイズ**　43

38　違う歌を同時にうたいます♪　**同時コーラス**　44

39　驚くのは健康の秘訣です！　**びっくりチャンピオン**　45

40　一瞬で元気が出ます　**元気の出るポーズ**　46

41　変な顔，みんなでやれば恥ずかしくない　**変顔体操**　47

## V　ちょこっといい気分

42　ワクワク，ドキドキします　**おみくじ**　48

43　目を閉じて頭を空っぽにして　**メイソウ**　49

44　宝くじで1億円当たります！　**今日の運勢**　50

45　最優秀笑顔賞の発表です！　**勝手に表彰式**　51

46　あなたの名前は「キムタク」です！　**3分間有名人**　52

47　大好きな人と手をつなげます　**ドリームジャンボ**　53

48　これでストレス解消です　**パンチ！**　54

## VI　ちょこっとふれあい

49　ウケる秘訣は言い方にあります　**ゴロゴロドカン！**　55

50　なんでもアリのバケツリレー　**なんでもリレー**　56

51　勝っても負けても楽しいです　**ニラメッコ**　57

52　リズムに合わせてタッチします　**パンパンパン！**　58

53　ホントのねらいは手をにぎること　**ゆびずもう**　59

54　健康の秘訣は握手です　**握手でニッコリ**　60

55　ご本人に届けてください　**名札の郵便屋さん**　61

56　勝てばいい気分，負ければ？　**じゃんけん肩たたき**　62

57　心と心が通じ合います　**ココロの拍手**　63


おわりに　―この本でぼくが伝えたいこと―　64

# I　ちょこっとおしゃべり

## 1　相談じゃんけん
**おしゃべりするのがねらいです**

人　数／10人〜30人
隊　形／自由
道　具／なし
ねらい／おしゃべりする，交流する

### 【やり方】
① 　3，4人のグループをつくります。
② 　スタッフと，各グループが，いっせいにじゃんけんをします。
③ 　「何を出すか」グループのメンバーで相談して決めます。
④ 　メンバー全員が同じものを出すようにします。
⑤ 　全部で5回戦して，勝ち数が多いチームが優勝です。

プロテク

### ココが一番大事！
勝ち負けよりも，会話するのを重視します。話すことで，自然に満足度も上がります。

### 盛り上げる極意
「じゃあけんぽいっ」のところを，全員でいっしょに，声を出してすると，雰囲気が超盛り上がります。

Ⅰ　ちょこっとおしゃべり

## ２　あなたのお名前
**覚えてくれたらうれしいです**

人　数／10人〜20人
隊　形／円
道　具／なし
ねらい／話を聞く，
　　　　名前を覚える

### 【やり方】
① 　円形に座ります。
② 　一人ひとりに，自分の名前を言ってもらいます。
③ 　全員が終わったら，誰かひとりをスタッフが選びます。
④ 　ほかの全員で，その人の名前を，当ててもらいます。
⑤ 　見事，名前が当たれば，大成功です。

プロテク

| 盛り上げる極意 |
②では，名前を言ったあとに，全員で拍手をすると，盛り上がります。

| むずかしいときは |
「はじめの文字は……」など，ヒントを出します。

# Ⅰ ちょこっとおしゃべり

## 3 シニア世代に聞いてみよう！
## これ知ってる？

人　数／1人〜30人
隊　形／自由
道　具／なし
ねらい／おしゃべりする

## 【やり方】

① スタッフが，問題として，ある名前を言います。
② 次に，「これ知ってる人？」と全員に質問します。
③ わかった人には，手をあげてもらい，説明してもらいます。
④ 正解したらいい気分。不正解でも明るい気分です。

**たとえばこんな問題**
「ふるさと納税」「自撮り」「アプリ」「アラサー」「ググる」

**こんなのもアリです**
「洗濯板」「回覧板」「出稼ぎ」「メンコ」「蚊帳」「ダッコちゃん人形」

Ⅰ ちょこっとおしゃべり

## ④ そばVSうどん
そばもいいけど，うどんもいい

人　数／10人～30人
隊　形／自由
道　具／なし
ねらい／想像力が働く，
　　　　おしゃべりする

### 【やり方】
① 全員にスタッフが，そばとうどん，どちらが好きか質問します。
② どちらかひとつを選んで，手をあげてもらいます。
③ 何人かに，その理由を聞きます。
④ 最後に，それぞれの人数をかぞえて発表します。

**おもしろくするコツ**

「どういうところが好きか？」具体的に質問してみます。

**こんなのもアリです**

「寿司VSうなぎ」「チャーハンVSラーメン」「ぎょうざVSしゅうまい」など。

# Ⅰ ちょこっとおしゃべり

## ⑤ 超風船バレー
### 大人数より少人数が楽しい！

人　数／3, 4人〜30人
隊　形／自由
道　具／風船
ねらい／交流する, おしゃべりする

## 【やり方】

① 3, 4人のグループをつくります。
② グループに風船をひとつずつ用意します。
③ グループで協力して, 声をかけ合いながら, 風船を落とさないようにトスします。
④ 最高何回続くか, トライしましょう。

プロテク

**盛り上げる極意**
トスするときに,「はいっ」と声をかけると, 盛り上がります。

**やる気にさせるコツ**
スタッフが目標回数を指定しても, やる気がアップします。(落とさずに 10 回など)

# Ⅰ　ちょこっとおしゃべり

## 6　間違えるのがおもしろい？
## 早口言葉

人　数／1人〜30人
隊　形／自由
道　具／なし
ねらい／声を出す，よく聞く

### 【やり方】
① スタッフが，ある早口言葉を言います。
② そのあとに続いて，全員でいっしょに，その早口言葉を言います。
③ 誰も間違えずに言えたら，大成功です。
④ 誰かが間違えても，それはそれで楽しいです。

> #### たとえばこんな早口言葉
> 「赤巻紙青巻紙黄巻紙（あかまきがみあおまきがみきまきがみ）」
> 「東京特許許可局（とうきょうとっきょきょかきょく）」
> 「隣の客はよく柿食う客だ（となりのきゃくはよくかきくうきゃくだ）」
>
> #### こんなのもアリです
> じょうずな人がいたら，「早口言葉チャンピオン」に認定します。

# I ちょこっとおしゃべり

## 7 「あまい」で連想してください
## あまーい！

人　数／10人〜30人
隊　形／自由
道　具／なし
ねらい／考える，
　　　　おしゃべりする

## 【やり方】

① 　3，4人のグループをつくります。
② 　各グループで，「あまいもの」を，たくさん考えてもらいます。
③ 　各グループ，順番に，こたえをひとつずつ発表していきます。
④ 　こたえの数で勝敗を競います。

プロテク

### たとえばこんなあまいもの

おしるこ，おまんじゅう，おさとう，チョコレート，たいやき，キャラメル，甘酒，ケーキ，アイスクリーム

### こんなのもアリです

グループはつくらずに、ひとりずつ、こたえを聞いていくのもオッケーです。

## Ⅱ ちょこっと脳トレ

### ⑧ あかあげて。あかさげて
# みぎ，あげて

| 人　数／10 人〜 30 人 |
|---|
| 隊　形／自由 |
| 道　具／なし |
| ねらい／話をよく聞く，反応力アップ |

### 【やり方】

① 「みぎ，あげて」で，右手をあげます
② 「ひだり，あげて」で，左手をあげます。
③ 「みぎ，さげて」で，右手をさげます。
④ 「ひだり，さげて」で，左手をさげます。
⑤ 指示通りに，間違えずできたら，大成功です。

プロテク

**ウケる言い方のコツ**

「〜あげない」「〜さげない」をあまり言わないのが，間違いを誘うコツです。

**レベルアップ！**

慣れてきたら，徐々にテンポアップします。よりむずかしくなりますが，間違えるのも楽しいです。

## Ⅱ ちょこっと脳トレ

### 9 あべこべカウント
**右手と左手が違う動きをします**

人　数／1人～30人
隊　形／自由
道　具／なし
ねらい／脳トレ，
　　　　巧緻性維持

【やり方】
① 片手をパー，反対の手をグーにします。
② パーは，親指から順に1本ずつ折っていきます。
③ グーは，小指から順に，1本ずつひらいていきます。
④ これを（②と③を）両手，いっしょにします。
⑤ 見事，間違えずにできたら，奇跡です。

プロテク

**やる気にさせるセリフ**
「間違えるのも，頭の体操です」と言うと，やる気アップです。

**ココが一番大事！**
上手，下手は関係ありません。間違えても気にせず，楽しんでください。

## Ⅱ ちょこっと脳トレ

### 10 きつねとうさぎ
**両手でいっしょにできたら奇跡です**

| 人　数／1人〜30人 |
|---|
| 隊　形／自由 |
| 道　具／なし |
| ねらい／巧緻性維持 |

### 【やり方】

① スタッフといっしょに，親指と，中指と，薬指をつけて，「きつね」をつくります。
② 反対の手は，親指と，人差し指と，小指をつけて，スタッフといっしょに「うさぎ」をつくります。
③ 両手で，「きつね」と「うさぎ」が，いっしょにできれば，大成功です。

> **ココが一番大事！**
> "正しくする" より "楽しんでする" のを優先します。
>
> **レベルアップ！**
> 手を反対に（きつねの手をうさぎに，うさぎの手をきつねに）すると，むずかしくなります。

## Ⅱ ちょこっと脳トレ

### 11 笑う門には○○
# ことわざの達人

人　数／10人～30人
隊　形／自由
道　具／なし
ねらい／話をよく聞く，
　　　　声を出す

### 【やり方】
① スタッフが，あることわざの，あたまのところだけを言います。
② そのあとに続いて，全員で，いっしょに，その続きを言います。
③ 見事，こたえが正解すれば，気分最高です。

**たとえばこんなことわざ**

「犬も歩けば（棒にあたる）」「笑う門（かど）には（福来（き）たる）」

**こんなのもアリです**

わざとむずかしいものを混ぜておくのも楽しいです。
「去（さ）る者（もの）は（日々（ひび）に疎（うと）し）」「遠くて近きは（男女の仲）」など。

Ⅱ　ちょこっと脳トレ

## 12 全員でいっしょにします
# みんなでゼスチャー

| 人　数／10人〜30人 |
| 隊　形／自由 |
| 道　具／なし |
| ねらい／見て考える，達成感を味わう |

### 【やり方】
① 全員の中から解答者をひとり選びます。
② 全員にスタッフが，紙に書いた問題を見せます。
③ その問題を，全員でいっしょにゼスチャーして，解答者に伝えます。
④ 身振り手振りだけです。声を出すのはNGです。
⑤ 解答者が正解できたら，全員いい気分です。

プロテク

**たとえばこんな問題**
「富士山」「浦島太郎」「なわとび」「ライオン」「三味線」など。

**こんなのもアリです**
解答者を，2人にしたり，3人にしてもオッケーです。

## Ⅱ ちょこっと脳トレ

## 13 絵だけで伝えてください
# 絵スチャー

人　数／10人〜30人
隊　形／自由
道　具／ホワイトボード
ねらい／よく見る，
　　　　よく考える

## 【やり方】

① 全員の中から代表者をひとり選びます。
② 代表者にスタッフが問題を出し，その絵をホワイトボードにかいてもらいます。
③ ほかの全員で，こたえを考えてもらいます。
④ 見事正解したら，全員で抱き合ってよろこびます！

プロテク

### こんなのもアリです
代表者を選ばずに，スタッフが絵をかいてもオッケーです。

### たとえばこんな問題
「携帯電話」「かぼちゃ」「ヘリコプター」「サンタクロース」「お年玉」「穴のあいた靴下」「ネバネバのなっとう」「まさかりかついだ金太郎」など。

## Ⅱ　ちょこっと脳トレ

## 14　ももたろう
### おじいさんは山へ○○に

人　数／1人〜30人
隊　形／自由
道　具／昔話の本
ねらい／話をよく聞く，思い出す

### 【やり方】

① スタッフが「ももたろう」の昔話をします。
② 「むかしむかしあるところに」と話をはじめます。
③ 「おじいさんと○○がいました」と話します。「さて，誰でしょう？」
④ ○○が正解したら，次に進みます。
⑤ 全員で力を合わせて，ももたろうの話を完成させてください。

プロテク

---

**続きはこんなふうに**

「おじいさんは山へ○○に，おばあさんは川へ○○に行きました」

**わざとボケてみる**

「おじいさんは川へ○○に，おばあさんは山へ○○に行きました」
「ちがうちがう」と声が上がれば，話をきちんと聞いています。

## Ⅱ ちょこっと脳トレ

# 15 魚鳥木
「ぎょちょうもく」と読みます

人　数／10人～30人
隊　形／自由
道　具／なし
ねらい／ドキドキする，考える

## 【やり方】
① スタッフが，全員の中からひとりを選んで，「魚」と質問します。
② 質問された人は，魚の名前をひとつ，こたえます。
③ 人をかえて，「鳥」と「木」も同じようにします。
④ 見事に正解すれば，いい気分です。

### 同じこたえはNG
前に出たこたえはなしです。でも，誰も指摘しなければ，そのままスルーするのもアリです。

### 盛り上げる極意
次々に指名していくと，テンポがよくなります。あきさせずに進めるコツです。

## Ⅱ　ちょこっと脳トレ

### 16　あたまに「あ」のつく言葉は？
# あ○○

人　数／10人〜30人
隊　形／自由
道　具／ホワイトボード
ねらい／考える，
　　　　おしゃべりする

**【やり方】**

① 全員でいっしょに，あたまに「あ」のつく言葉を考えてもらいます。
② 誰かからこたえが出たら，ホワイトボードに書き出します。
③ 全員でこたえが10個出たら，大成功です。
④ 今度は，あたまに「い」のつく言葉を考えてください。

| レベルアップ！ |

「あ」からはじまる「2文字」の言葉にしても楽しめます。（あめ，あき，あし，あり，あい，あさ，あか，あお，あに，あせ，あじ，あね，あみ，あわ，など）

| こんなのもアリです |

3，4人のグループをつくり，グループごとに考えてもらいます。（会話のきっかけになります）

## Ⅱ ちょこっと脳トレ

# 17 じゃんけん足し算
### グーとグーを足すと2です

人　数／2人～30人
隊　形／自由
道　具／なし
ねらい／脳トレ，
　　　　交流する

## 【やり方】
① 2人1組のペアをつくります。
② グーを1，チョキを2，パーを5とします。
③ じゃんけんをしたら，グー，チョキ，パーの数を合わせて，すばやく足し算します。
④ 先に，正解を言った方が勝ちです。

プロテク

### おもしろくするコツ
対戦相手を変えることで，交流のきっかけが増えます。

### こんなのもアリです
トーナメント方式にして対戦しても，おもしろいです。

Ⅱ ちょこっと脳トレ

## 18 落とさずにできたら最高です！
# 手ットボトル

人　数／1人〜30人
隊　形／自由
道　具／ペットボトル
ねらい／巧緻性維持，
　　　　集中力アップ

**【やり方】**
① ひとりに1本ずつペットボトル（500mlサイズ）を用意します。
② ペットボトルの底を下にして，手のひらの上にのせます。
③ 落とさずにできれば大成功です。

運動効果アップ！
利き手でない方の手でも，やってみましょう。

レベルアップ！
底を下にして，グーにのせたり，手の甲にのせても楽しいです。

Ⅲ　ちょこっと運動

## ⑲ ありがとう体操
**自分の体に感謝しましょう！**

人　数／1人～30人
隊　形／自由
道　具／なし
ねらい／体に感謝する

## 【やり方】
① ひざを手でさすりながら，ひざに「ありがとう」と言います。
② 腰を手でさすりながら，腰に「ありがとう」と言います。
③ 腕を手でさすりながら，腕に「ありがとう」と言います。
④ 体に感謝するのが，健康の秘訣です。

### おもしろくするコツ
その場所を見て，感謝を込めて言うと，楽しいです。

### 決めゼリフ
「健康の秘訣は，感謝です」と，最後に言って終わります。

Ⅲ　ちょこっと運動

## ⓴ ものまね体操
**ものまねするのは運動です**

人　数／1人～30人
隊　形／自由
道　具／なし
ねらい／想像力が働く，
　　　　考えて動く

### 【やり方】
① みじん切りのものまねをします。
② ぞうきんがけのものまねをします。
③ なわとびを跳んでいるものまねをします。
④ いろんなものまねで，身体を動かしましょう！

プロテク

**おもしろくするコツ**

超大げさに，ものまねしてください。

**こんなのもアリです**

「平泳ぎ」「空中つなわたり」「ジェットコースター」

## 21 ヒゲダンス体操
**昔大流行したなつかしいアレです！**

| | |
|---|---|
| 人　数 | 10人～30人 |
| 隊　形 | 自由 |
| 道　具 | なし |
| ねらい | 気分が若返る，いい気分になる |

Ⅲ　ちょこっと運動

### 【やり方】
① 両手を身体の横にします。
② 手のひらを下にします。
③ 手を小さく上げ下げしながら，その場で足ぶみします。
④ 笑顔でできたら，気分最高です。

プロテク

**おもしろくするコツ**

ぜひ，変顔でやってみてください。

**こんなのもアリです**

ヒゲをつけてしたら，超楽しいです。

Ⅲ　ちょこっと運動

# ㉒ くすり指体操
### 大事なのは指より気持ち

| 人　数／1人〜30人 |
| --- |
| 隊　形／自由 |
| 道　具／なし |
| ねらい／集中する |

## 【やり方】
① 片手を前に出します。
② その手を軽くにぎります。
③ くすり指だけ（ほかの4本の指はにぎったまま）を伸ばします。
④ くすり指に意識を集中できたら，大成功です。

プロテク

> **ココが一番大事！**
> うまくいかなくても，あまり気にせず，楽しんでしましょう。
>
> **やる気にさせるセリフ**
> うまくいかない人には，「（指よりも）気持ちが大事」と伝えてください。

Ⅲ　ちょこっと運動

## 23 ウキウキ気分になれます
# ウキウキ体操

人　数／1人〜30人
隊　形／自由
道　具／なし
ねらい／いい気分になる，声を出す

## 【やり方】
① 両手をにぎります。
② ひじを曲げます。
③ 脇をひらいたり，とじたりして，ひじを身体につけます。（2回）
④ 「ウキウキ」と言いながらできたら，いい気分です。

プロテク

### おもしろくするコツ
スタッフが見本をオーバーすぎるくらいにやって見せてください。

### 盛り上げる極意
全員いっしょに，「ウキウキ」と声を出してすると，全体の雰囲気が盛り上がります。

## Ⅲ ちょこっと運動

### 24 拍手体操
**こうすれば立派な体操です！**

人　数／1人〜30人
隊　形／自由
道　具／なし
ねらい／巧緻性維持

### 【やり方】
① 足を肩幅にひらきます。
② 胸をはります。
③ スタッフの動作を見て，胸の前で1回，手を強くたたきます。
④ 全員の拍手が，ピッタリ合えば，大成功です。

プロテク

**運動効果アップ！**
手だけでなく，腕（とひじ）を大きくひらいてします。

**こんなのもアリです**
ゆっくり，速く，強く，弱く，なども楽しいです。

Ⅲ　ちょこっと運動

## 25 言いながらできたら最高です！
# ケンケンパー

人　数／1人〜30人
隊　形／自由
道　具／なし
ねらい／足腰強化，
　　　　リズムを感じる

**【やり方】**
① 「ケン」と言いながら，足をとじます。
② 「パー」と言いながら，足をひらきます。
③ 「ケンケンパー，ケンパーケンパー，ケンケンパー」
④ 言葉と動きがいっしょにできたら，最高です。

プロテク

**運動効果アップ！**

足をとじるときに，ひざもいっしょにとじるように意識すると，運動効果がアップします。

**やる気になるセリフ**

「言葉と動きがいっしょにできたら，最高です！」と言うと，意欲がアップします。

Ⅲ　ちょこっと運動

## 26 胸をはって腕を振って！　笑って♪
## 最強の足ぶみ

人　数／10人～30人
隊　形／自由
道　具／なし
ねらい／足腰強化，
　　　　笑顔になる

### 【やり方】
① 胸をはります。
② 腕を前後に振ります。
③ 足ぶみします。
④ 「いち・にい，いち・にい……」。声を出してできたら，最高です。

プロテク

**言葉がけの極意**

②では，「腕を振ります」より，「腕を前後に振ります」と言うと，動きのイメージが明確になります。

**盛り上げる極意**

全員でいっしょに声を出すと，最高に盛り上がります。

Ⅲ ちょこっと運動

## 27 ルールなんて必要ない！
# シンプルサッカー

人　数／10人～30人
隊　形／円
道　具／ビーチボール
ねらい／足腰強化，転倒予防

### 【やり方】
① 円形に座ります。
② 誰かひとりが，ビーチボールを足で蹴ります。
③ 自分の足元に来たビーチボールを蹴り返します。
④ 楽しんですれば，足腰が強くなります。

プロテク

**こんなのもアリです**

真ん中に段ボール箱を置いて，ビーチボールをぶつけても，楽しいです。

**おもしろくするコツ**

状況に応じて，ビーチボールの数を2つ（または3つ）に増やしても，楽しいです。

Ⅲ ちょこっと運動

## 28 ボールがなくてもできるんです！
# エアーパス

人　数／10人〜30人
隊　形／円
道　具／なし
ねらい／想像力が働く

### 【やり方】
① スタッフは円の真ん中に立ちます。まずスタッフが，円の誰かひとりに向かって，ビーチボールを投げるマネをします。
② もらう人は，それを受け取るマネをします。
③ 受け取ったら，スタッフに向かって，投げ返すマネをします。
④ スタッフは，また別の人に，同じようにします。
⑤ いかにもボールがあるかのように，やってみましょう！

**おもしろくするコツ**

大げさすぎるくらいに，やってみてください。

**盛り上げる極意**

「○○さん，はいっ」と名前を呼んでからパスすると楽しいです。

Ⅲ　ちょこっと運動

## 29 音を立てずに歩いてください
# しのびあし

人　数／1人〜30人
隊　形／自由
道　具／なし
ねらい／足腰強化，
　　　　忍者の気分になる

【やり方】
① 足を腰幅にひらきます。
② その場で足ぶみをします。
③ 音を立てずに，静かに，足ぶみします。
④ いかにも忍者のようにできたら，超最高です。

**おもしろくするコツ**

目一杯，大げさに，表現してください。

**こんなのもアリです**

上手にできた人は，しのびあしの先生になってもらいます。

## Ⅳ ちょこっと声出し

### 30 元気な声でお願いします
# エイエイオー！

| | |
|---|---|
| 人　数／ | 10人〜30人 |
| 隊　形／ | 自由 |
| 道　具／ | なし |
| ねらい／ | 声を出す，元気になる |

### 【やり方】
① 足を肩幅にひらきます。
② 胸をはります。
③ 全員で，いっしょに，「エイエイオー！」と声を出します。
④ 大きな声でできたら，気分スッキリです。

プロテク

**ココがポイント**
①足を肩幅にひらき，②胸をはります。この準備の姿勢が大事です。

**おもしろくするコツ**
やる気マンマンの顔で，お願いします。

Ⅳ ちょこっと声出し

## 31 空手チョップ
**瓦割り 10 枚も楽勝です**

人　数／1 人〜 30 人
隊　形／自由
道　具／なし
ねらい／大きな声を出す

### 【やり方】
① 足を肩幅にひらきます。
② 胸をはります。
③ 空手チョップのマネをします。
④ 「エイッ！」と，元気な声が出たら，超最高です。

プロテク

**盛り上げる極意**

元気な声が出ると，雰囲気が盛り上がります。

**こんなのもアリです**

「ヤーーー！」「ソレーーー！」「オリャーーー！」でも楽しいです。

## Ⅳ ちょこっと声出し

### 32 繰り返すだけでいいんです！
# オウム返し

```
人　数／1人～30人
隊　形／自由
道　具／なし
ねらい／よく聞く，
　　　　声を出す
```

### 【やり方】
① 全員に，スタッフが，ある言葉を言います。
② その言葉を聞いて，同じ言葉を，全員で復唱します。
③ 同じ言葉を繰り返せたら，大成功です。

**こんなふうにします**

①でスタッフが「おはようございます」と言ったら，全員でいっしょに「おはようございます」。

**おススメの言葉**

「こんにちは」「ありがとう」「モリモリ」「ドキドキ」「ワクワク」「ニッコリ」「ガチョーン」「なせば成る」「イエーイ！」

Ⅳ ちょこっと声出し

## 33 ガッツポーズ
**たった3秒でいい体力アップになります**

人　数／1人～30人
隊　形／自由
道　具／なし
ねらい／今すぐ元気になる

## 【やり方】
① 足を肩幅にひらきます。
② 両手をにぎります。
③ ガッツポーズをします。
④ 「よっしゃーーー！」と声を出します。
⑤ はいっ，元気になりました。

プロテク

**おもしろくするコツ**
全員でいっしょに，元気に声を出すと，超楽しいです。

**盛り上げるコツ**
「よっしゃーーー！」。ぜひ，おっきな声でお願いします。

## Ⅳ ちょこっと声出し

### 34 赤い歌合戦
歌詞に「赤」が出てくる歌は？

人　数／10人〜30人
隊　形／自由
道　具／なし
ねらい／楽しくうたう，
　　　　おしゃべりする

### 【やり方】

① 全員でいっしょに，歌詞に「赤」の出てくる歌を考えてもらいます。
② こたえが出たら，全員でいっしょに，その歌をうたいます。
③ 色の出てくる小節までうたえれば，大成功です。
④ 時間のある限り，チャレンジしてください！

 プロテク

> **歌詞に赤が出てくる歌**
>
> 赤とんぼ，赤い靴，チューリップ，日の丸，こんにちは赤ちゃん，ぼくらはみんな生きている，赤鼻のトナカイ，まっかな秋，バラが咲いた，りんごのうた，高校3年生，まっかな太陽
>
> **こんなのもアリです**
>
> 3，4人のグループをつくって，グループごとに考えてうたってもらいます。

Ⅳ　ちょこっと声出し

## 35 ねこのつもりでお願いします
# ニャーーー！

| 人　数／1人～30人 |
| 隊　形／自由 |
| 道　具／なし |
| ねらい／声を出す |

### 【やり方】
① 両手を前に出します。
② 両手をパーにします。
③ その姿勢で，「ニャーーー！」と元気一杯に声を出します。
④ ニッコリ笑顔で，お願いします。

プロテク

**盛り上げる極意**
全員で，いっしょに声を出すと，超楽しいです。

**こんなのもアリです**
「ニャー」のかわりに，「ガオー！」と言ってもおもしろいです。

Ⅳ　ちょこっと声出し

## 36 限界まで伸ばしてください！
## ひといきカウント

| | |
|---|---|
| 人　数 | １人〜 30 人 |
| 隊　形 | 自由 |
| 道　具 | なし |
| ねらい | 声を長く出す，スッキリする |

### 【やり方】
① 全員で，いっしょに，「ひとつ，ふたつ……，とお」までかぞえます。
② 「ひとおーーーつ」ちょっと長めがポイントです。
③ 「とおーーー」までできたら，大大大成功です。

プロテク

　レベルアップ！
声を出しながら，同時に，手をたたくと，運動効果アップです。

　チャレンジ！
「ひとおーーーーーつ」限界まで伸ばしてみてください。

Ⅳ ちょこっと声出し

## 37 歌詞だけクイズ
**メロディはなしで考えてください**

人　数／10人～30人
隊　形／自由
道　具／なし
ねらい／話をよく聞く，
　　　　思い出す

### 【やり方】
① スタッフが，ある歌の出だしの部分を，(あえてうたわずに) 棒読みするように言います。
② 全員でそれを聞いて，その曲名を考えます。
③ 見事，正解すれば，最高な気分です。
④ せっかくなので，そのあとは，全員でいっしょにうたいましょう。

プロテク

> たとえばこんな歌
>
> 「もしもしかめよかめさんよ……」(うさぎとかめ)
> 「おててつないで……」(靴が鳴る)
>
> 意外とわからない歌
>
> 「からすなぜなくのからすは山に……」(七つの子)

Ⅳ　ちょこっと声出し

## 38 違う歌を同時にうたいます♪
## 同時コーラス

人　数／10人〜30人
隊　形／自由
道　具／なし
ねらい／声を出す、
　　　　集中力維持

### 【やり方】
① 全体を2チームに分けます。
② 1チームは、「うさぎとかめ」（もしもしかめよ……）。
③ もう1チームは、「浦島太郎」（むかしむかしうらしまは……）。
④ 2チームが、同時にうたいます。
⑤ つられないように、楽しんで、うたってください♪

プロテク

ココが一番大事！
勝ち負けを決めるのではなく、あくまでも、うたうのを楽しみます。

こんなのもアリです
一度終わったら、お互いの曲を変えてすると、二度楽しめます。

Ⅳ ちょこっと声出し

## 39 びっくりチャンピオン
**驚くのは健康の秘訣です！**

人　数／10人〜30人
隊　形／自由
道　具／なし
ねらい／声を出す，表情を豊かにする，リアクション強化

## 【やり方】
① 足を肩幅にひらきます。
② 胸をはります。
③ 「うわ〜」っと，声を出します。
④ 一番驚きの表情をできた人が，チャンピオンです。

プロテク

**おもしろくするコツ**
声だけでなく，手をあげたり，横にひらいたりして，全身で驚きを表現すると楽しいです。

**こんなのもアリです**
一番上手な人には，チャンピオンベルトと表彰状を授与します。

Ⅳ ちょこっと声出し

## 40 一瞬で元気が出ます
## 元気の出るポーズ

人　数／1人〜30人
隊　形／自由
道　具／なし
ねらい／元気が出る

### 【やり方】
① 足を肩幅にひらきます。
② 胸をはります。
③ 両手を横にひらきます。
④ 「超気持ちイー」と声を出します。
⑤ これでもう，元気が出ました。

### おもしろくするコツ
超気持ちイー顔で，お願いします。

### 決めゼリフ
声を出したあと，「口に出した言葉は，現実になる！」と言って終わります。

Ⅳ　ちょこっと声出し

## 41 変顔体操
**変な顔，みんなでやれば恥ずかしくない**

人　数／1人～30人
隊　形／自由
道　具／なし
ねらい／表情を豊かにする，リラックスする

### 【やり方】
① 思いっきり口を横にひらいて「い～～～」と言います。
② ひょっとこのように口をとがらせて「う～～～」と言います。
③ 思いっきり鼻の下を伸ばして，「も～～～」と言います。
④ 白目になるくらい，目玉を上にして，「わ～～～」と言います。
⑤ 思いっきり変な顔をしましょう！

プロテク

#### おもしろくするコツ
勇気を出して，思いきってやってみてください。楽しいですから！

#### やる気にさせる一言
「誰も見てませんから，恥ずかしくありません」

## Ⅴ ちょこっといい気分

### 42 おみくじ
**ワクワク，ドキドキします**

人　数／1人～30人
隊　形／自由
道　具／オリジナルおみくじ
　　　　（スタッフが用意する）
ねらい／運試し，
　　　　ドキドキする

### 【やり方】

① 誰かひとりに，おみくじを引いてもらいます。
② おみくじには，大吉，中吉，小吉，吉，凶，大凶があります。（紙に書いて，小さく折りたたみます。）
③ おみくじを引いた人は，その場で発表をしてもらいます。
④ おみくじでドキドキの運試しです。

**こんなおみくじもアリです**

「超大吉」「最高」「超最高」「最強」「強運」「最幸」「優勝」

**盛り上げる極意**

ご本人がおみくじを発表したあとに，全員で拍手をします。

Ⅴ ちょこっといい気分

## 43 目を閉じて頭を空っぽにして
# メイソウ

人　数／1人〜30人
隊　形／自由
道　具／なし
ねらい／リラックスする

### 【やり方】
① 足を肩幅にひらきます。
② 胸をはります。
③ 口から息を，はき出します。
④ 鼻から息を，吸い込みます。
⑤ 全部で10回したら，気分スッキリです。

プロテク

**呼吸するときのポイント**

ひと呼吸ごとに，胸をはるようにします。

**リラックスするコツ**

目を閉じてすると，よりスッキリします。

Ⅴ ちょこっといい気分

# 44 今日の運勢
**宝くじで1億円当たります！**

人　数／1人〜30人
隊　形／自由
道　具／オリジナル今日の運勢（スタッフが用意する）
ねらい／いい気分になる

## 【やり方】
① 全員に，生まれた月を質問します。
② 自分の生まれた月のところで，手をあげてもらいます。
③ その人には，オリジナルの今日の運勢を発表します。
④ あらかじめ，おもしろおかしい，「今日の運勢」をつくってください。

プロテク

> **たとえばこんな運勢**
> 「今日中に，大好きな人に告白されます。」
>
> **こんなのもアリです**
> 「宝くじで，1億円が当たります。そのあと，すぐに，全額寄付します。」

V　ちょこっといい気分

## 45 勝手に表彰式
**最優秀笑顔賞の発表です！**

人　数／1人～30人
隊　形／自由
道　具／表彰状
ねらい／いい気分になる

### 【やり方】
① いきなり表彰式をします。
② スタッフが勝手に表彰状を授与します。
③ その方にあった，表彰の内容を考えます。
④ おもしろおかしい表彰式をはじめましょう！

プロテク

> **たとえばこんな賞を**
> ベストドレッサー賞，ベストジーニスト賞，今日の最優秀笑顔賞，明日の最優秀笑顔賞
>
> **こんなのもアリです**
> ノーベル賞，芥川賞，日本レコード大賞，国民栄誉賞，今日のレク大賞

Ⅴ ちょこっといい気分

## 46 3分間有名人
**あなたの名前は「キムタク」です！**

人　数／10人～30人
隊　形／自由
道　具／なし
ねらい／有名人の気分
　　　　になる

### 【やり方】
① スタッフは，あらかじめ，人数分の有名人の名前を考えておきます。
② スタッフは，「これから有名人になってもらいます」と言って，一人ひとりに有名人の名前をつけていきます。
③ 最後に，全員の（有名人の）名前を呼びます。
④ 自分の（有名人の）名前を呼ばれたら，元気に返事をしてもらいましょう。

プロテク

**男性シニアにおススメの有名人**

勝新太郎，高倉健，長嶋茂雄，イチロー，キムタク（木村拓哉），ジュリー（沢田研二），聖徳太子，星飛雄馬（ほしひゅうま）

**女性シニアにおススメの有名人**

綾瀬はるか，浅田真央，クレオパトラ，卑弥呼（ひみこ），清少納言，かぐや姫，白雪姫，シンデレラ，魔法使いサリー，美空ひばり，吉永小百合

# V ちょこっといい気分

## 47 ドリームジャンボ
### 大好きな人と手をつなげます

| | |
|---|---|
| 人　数／ | 10人〜30人 |
| 隊　形／ | 自由 |
| 道　具／ | オリジナル宝くじ（スタッフが用意する） |
| ねらい／ | ワクワク，ドキドキする |

## 【やり方】

① 誰かひとり，スタッフが代表者を選びます。
② 宝くじを引いてもらいます。
③ 抽選結果を発表します。
④ 超楽しい景品が当たります。

プロテク

### たとえばこんなもの
「大好きな人と手をつなげる」「肩をたたいてもらえる」「全員に拍手してもらえる」

### こんなのもアリです
「日帰り世界一周旅行」「お米100年分」「一日総理大臣」

Ⅴ ちょこっといい気分

## 48 これでストレス解消です
## パンチ！

人　数／1人～30人
隊　形／自由
道　具／新聞紙
ねらい／ストレス解消，敏捷性維持

**【やり方】**

① ひとりに1枚ずつ新聞紙を用意します。
② 新聞紙をひろげて，片手で持ちます。
③ 反対の手で，その新聞紙を思いっきりパンチします。
④ 全部で10回パンチしたら，スッキリです。

プロテク

**新聞紙の持ち方**
新聞紙をひろげて，新聞紙が縦長になるように持ちます。

**レベルアップ！**
反対の手でもやってみましょう。

## Ⅵ　ちょこっとふれあい

### 49　ウケる秘訣は言い方にあります
# ゴロゴロドカン！

人　数／1人〜30人
隊　形／円
道　具／ビーチボール
ねらい／ドキドキする，巧緻性維持

## 【やり方】

① 円形に座ります。
② ビーチボールを，ひとつ用意します。
③ スタッフが「ゴロゴロ……」と言ったら，ビーチボールを順に送ります。
④ スタッフが「ドカン！」と言ったところで，ビーチボールを持っていた人がアウトです。

プロテク

### ウケる言い方のコツ

「ゴロゴロ……」と次第に強く言います。そして，「ドカン！」と見せかけておいて，また，小さい声で「ゴロゴロ……」と言います。

### こんなのもアリです

ビーチボールの数を，2つ，3つと，徐々に増やすと楽しさも倍増します。

## Ⅵ ちょこっとふれあい

### 50 なんでもリレー
なんでもアリのバケツリレー

人　数／10人～30人
隊　形／円
道　具／身近にあるモノ
　　　　なんでも
ねらい／巧緻性維持，
　　　　協力を楽しむ

【やり方】
① スタッフは，身近にあるモノをひとつ選んで，誰かひとりにわたします。
② 受け取った人は，順にとなりの人にわたしてリレーしていきます。
③ 次に，スタッフは違うモノを選んで，同じようにわたしていきます。
④ はたして，いくつのモノを同時にまわせるか，挑戦です。

プロテク

**たとえばこんなモノをまわします**
「新聞紙」「本」「週刊誌」「タオル」「ティッシュ」「ハンカチ」

**こんなモノもアリです**
「やかん」「バケツ」「段ボール箱」「トイレットペーパー」

## VI ちょこっとふれあい

### 51 勝っても負けても楽しいです
# ニラメッコ

人　数／2人～30人
隊　形／自由
道　具／なし
ねらい／交流する，
　　　　表情を変える

## 【やり方】

① 2人1組のペアをつくります。
② 握手をします。
③ 戦闘態勢が整ったら，ニラメッコ，スタート！
④ 勝っても負けても，どっちも楽しいです。

**おもしろくするコツ**

ニラメッコの前に，「顔の体操」と称して，変顔をすると楽しいです。変顔のあと，①に移ります。

**にらめっこの歌**

「にらめっこしましょ♪　笑うと負けよ♪　あっぷっぷ♪」

Ⅵ　ちょこっとふれあい

## 52 リズムに合わせてタッチします
# パンパンパン！

人　数／2人〜30人
隊　形／自由
道　具／なし
ねらい／交流する，
　　　　声を出す

## 【やり方】
① 2人1組のペアをつくります。
② 握手ができるくらいの距離になります。
③ 両手で，3回，タッチします。
④ 「パンパンパン！」と，いっしょに声を出してします。
⑤ 全部で，10回できたら，いい気分です。

**盛り上げる極意**

2人でいっしょに，声を出してすると，雰囲気が盛り上がります。

**こんなのもアリです**

「ふるさと」（うさぎおいしかの山♪）を，うたいながらしても楽しいです。

## Ⅵ ちょこっとふれあい

### 53 ゆびずもう
**ホントのねらいは手をにぎること**

```
人　数／2人〜30人
隊　形／自由
道　具／なし
ねらい／手をにぎる，
　　　　おしゃべりする
```

### 【やり方】
① 2人1組のペアをつくります。
② 握手できるくらいの距離になります。
③ ふたりで，ゆびずもうをします。

プロテク

> レベルアップ！
> 反対の手（利き手ではない方の手）でも，トライ！
>
> ココが一番大事！
> "競う"ことより"楽しむ"ことを重視します。

Ⅵ　ちょこっとふれあい

## 54 握手でニッコリ
**健康の秘訣は握手です**

人　数／2人～30人
隊　形／自由
道　具／なし
ねらい／手をにぎる，
　　　　交流する

### 【やり方】
① 2人1組のペアをつくります。
② 握手をします。
③ 目と目を見て，ニッコリします。
④ 笑顔でできたら，最高な気分です。

**おもしろくするコツ**

握手のとき，「（相手の）目をジーッと見つめて」と，言ってみてください。

**盛り上げる極意**

②では，「あ～く～しゅ」と，2人で言いながらすると，盛り上がります。

## Ⅵ ちょこっとふれあい

### 55 ご本人に届けてください
# 名札の郵便屋さん

```
人　数／10人〜30人
隊　形／自由
道　具／名札
ねらい／名前を知る，
　　　　交流する
```

### 【やり方】
① あらかじめ，全員分の名札を用意します。
② 一人ひとりに，わざと，他人の名札をわたします。
③ 全員にいきわたったら，ご本人を探して名札をわたします。
④ 無事に，名札を届けることができたら，大大大成功です。

プロテク

> ココが一番大事！
> 早さを競うのではなく，ゆっくりと楽しんでしましょう。
>
> 「ありがとう♪」を引き出す一言
> 「名札をもらったら，(もらった人に)何て言いましょうか？」

Ⅵ ちょこっとふれあい

## 56 じゃんけん肩たたき
**勝てばいい気分，負ければ？**

| 人　数／2人～30人 |
| --- |
| 隊　形／自由 |
| 道　具／なし |
| ねらい／いい気分になる，交流する |

### 【やり方】
① 2人1組のペアになります。
② じゃんけんをします。
③ 負けた人が，勝った人の肩を10回たたきます。
④ 勝っても負けても，いい気分です。

プロテク

**おもしろくするコツ**

終わったら，負けた人が肩をたたいてもらっても楽しいです。

**こんなのもアリです**

じゃんけんで勝った人が，手のひらをマッサージしてもらいます。

Ⅵ　ちょこっとふれあい

# 57 ココロの拍手
**心と心が通じ合います**

人　数／10人〜30人
隊　形／自由
道　具／なし
ねらい／心が通い合う，
　　　　巧緻性維持

### 【やり方】
① 　足を肩幅にひらきます。
② 　胸をはります。
③ 　手を10回，たたきます。
④ 　ただし回数は，声に出さないで，心の中でかぞえます。
⑤ 　全員の拍手が，ピッタリ合えば，大成功です。

プロテク

**こんなのもアリです**

目を閉じると，集中力がアップします。

**レベルアップ！**

15，20，25，……と，回数を増やしても，楽しいです。

# おわりに
## この本でぼくが伝えたいこと

いきなりですが問題です。

これは父親を介護する，ある娘さんの話です。
お父さんが娘さんに，尋ねました。

「どこに連れて行くの？」

さて，その娘さんは，お父さんになんとこたえたでしょう？

ヒントその１　ふつうは絶対に言いません。
ヒントその２　人によっては，怒るかもしれません。
ヒントその３　でも，思わず笑ってしまいます。

正解は，「あの世」です。

お父さんに向かって，「あの世」ですよ？　「あの世」。
スゴいと思いませんか？

まだ，ほかにもあります。
真夜中に，父親に起こされる娘さんは，あるいたずらを考えました。
さて，そのいたずらとは，一体なんでしょう？

正解は，なんと「馬のお面をかぶる」です。

想像してみてください。目が覚めたら，すぐ目の前に馬の顔です。
さぞかしお父さんもビックリすることでしょう。
でも……，正直，おもしろそうだし，なんだかワクワクしてしまいます。
　娘さん曰く，「夜中にお父さんに起こされるのが楽しみになった」そうです。

まるで，**介護を楽しんでいる**かのようです。

まさに，これ！

介護する側の発想の転換で，介護はこんなに楽しくなるんです！

この本でお伝えしたいこと。
それは，**「支援する側が楽しむ」**ことの大切さです。

もしも，シニアのレクリエーション活動の支援が義務だったら，どうなるでしょう？

しかたないからする？
できることならしたくない？
考えるのがめんどう？

そんなふうになってしまいませんか？

でも，それが，楽しみだったら？

なんだかワクワクするし，アイディアだって，どんどん湧いてきそうです。
だって，**楽しいことをしてるんですから。**

この本でぼくが伝えたいこと。
もう一度，繰り返します。

シニアのレクリエーション活動の支援。
**自分自身が楽しんでやりましょう！**

　平成 29 年 10 月 19 日

ムーヴメントクリエイター　斎 藤 道 雄

## 著者紹介
### ●斎藤道雄

体操講師，ムーヴメントクリエイター。
クオリティ・オブ・ライフ・ラボラトリー主宰。
自立から要介護シニアまでを対象とした体操支援のプロ・インストラクター。
　体力，気力が低下しがちな要介護シニアにこそ，集団運動のプロ・インストラクターが必要と考え，運動の専門家を数多くの施設へ派遣。
　「お年寄りのふだん見られない笑顔が見られて感動した」など，シニアご本人だけでなく，現場スタッフからも高い評価を得る。

**[お請けしている仕事]**
○体操教師派遣（介護施設，幼稚園ほか）　　　○講演
○研修会　　　　　　　○人材育成　　　　　　○執筆

**[体操支援・おもな依頼先]**
○養護老人ホーム長安寮
○有料老人ホーム敬老園（八千代台，東船橋，浜野）
○淑徳共生苑（特別養護老人ホーム，デイサービス）ほか

**[講演・人材育成・おもな依頼先]**
○世田谷区社会福祉事業団
○セントケア・ホールディングス（株）
○（株）オナンドオン（リハビリ・デイたんぽぽ）ほか

**[おもな著書]**
○『車椅子の人も片麻痺の人もいっしょにできる新しいレクリエーション』
○『椅子に腰掛けたままでできるシニアのための脳トレ体操＆ストレッチ体操』
○『超シンプルライフで健康生活』
○『目の不自由な人も耳の不自由な人もいっしょに楽しめるかんたん体操25』
○『要介護シニアにも超かんたん！　ものまねエア体操で健康づくり』
○『認知症の人も一緒に楽しめる！　リズム遊び・超かんたん体操・脳トレ遊び』
○『介護レベルのシニアでも超楽しくできる　声出し！　お祭り体操』
○『介護スタッフのためのシニアの心と体によい言葉がけ5つの鉄則』（以上，黎明書房）

**[お問い合わせ]**
ホームページ：http://www.michio-saitoh.com
メール：info@michio-saitoh.com
ＴＥＬ：090-6024-3619

＊イラスト・さややん。

---

**要介護シニアも大満足！　3分間ちょこっとレク57**

| | | |
|---|---|---|
| 2018年2月15日　初版発行 | 著　　者 | 斎　藤　道　雄 |
| | 発 行 者 | 武　馬　久仁裕 |
| | 印　　刷 | 藤原印刷株式会社 |
| | 製　　本 | 協栄製本工業株式会社 |

発 行 所　　　　　　　　　株式会社　黎 明 書 房

〒460-0002　名古屋市中区丸の内3-6-27　EBSビル　☎052-962-3045
FAX 052-951-9065　振替・00880-1-59001
〒101-0047　東京連絡所・千代田区内神田1-4-9　松苗ビル4階
☎03-3268-3470

落丁本・乱丁本はお取替します。　　　　　ISBN978-4-654-07660-4
© M. Saitoh. 2018, Printed in Japan